수학식당 1

수학식당 1

김희남 글 | 김진화 그림

명왕성은 자유다

"셰프, 정말 올까요?"

"누가?"

"누구긴 누구예요. 손님 말이에요!"

셰프는 아무 대꾸도 하지 않고 두 손바닥을 탁탁 털었어요. 그러더니 굳게 닫혀 있는 벽장을 바라보며 중얼중얼 주문을 외웁니다.

"피타골 피타골 피타고라수~학!"

놀랍게도 벽장이 스르르 열리더니 셰프가 벽장 속으로 빨려들듯이 사라졌습니다. 손님 맞을 기대로 잔뜩 부풀어 있던 당케는 뾰로통해졌어요. 수학식당을 열어 놓고, 손님이 오든 말든 관심이 없는 셰프가 도통 이해가 되지 않았거든요.

당케는 답답한 마음에 애꿎은 감자 껍질만 벅벅 벗겨 댔습니다.

여기서 잠깐! 수학식당의 두 주인공, 셰프와 당케를 간단히 소개해야겠군요.

셰 프

수학 요리계에서 '셰프 피'로 통해요. 그러나 그의 이름을 정확히 아는 사람은 아무도 없어요. 하나밖에 없는 제자이자 조수인 당케조차도 알지 못하지요.

누구는 '피타골', 누구는 '피타굴'이라고 했어요. '피타클로스'라고 부르는 사람도 있었지요. 확실한 건, 그가 수학 요리 연구에 평생을 바쳐 왔다는 사실. 그리고 바로 오늘, 수학식당의 문을 여는 영광의 순간이 왔다는 것이지요.

당케

성은 '식'이고, 이름은 '당케'. 즉 '식당케'입니다.

당케가 셰프 밑에서 수련을 시작한 지 어느덧 3년. 그동안 당케는 감자 껍질 벗기기, 그릇 닦기, 청소하기 같은 수련만 잔뜩 했어요.

요리 근처에는 얼씬도 못했지요. 그런데 당케가 어쩌다가 셰프의 제자가 되었을까요? 어수룩하고 덜렁대기까지 하는 게 수학과는 거리가 아주 멀어 보이는데 말이에요. 앗! 그건……, 여기서 그만 입을 잠그겠습니다, 찌익~!

어쩌면 당케에게 세상의 운명이 달려 있을지도 모른다는 엄청난 비밀도 절대로 말할 수 없어요. 암요, 절대로 말 못하죠.

어쨌거나 오늘, 수학 요리의 달인 셰프 피와 그의 제자 당케의 수학식당이 문을 열었습니다. 허름하고 수상해 보이는 수학식당에 과연 손님이 찾아올까요?

어, 이게 무슨 소리죠?

수학 식당

1. 사각사각샌드위치(사각형의 정의)...14
세상에 이런 샌드위치가! 처음 보는 모양에 쏙~ 반하실 거예요.

2. 막대어묵어묵조랭이떡볶이(수의 자릿값 알기)...30
집 잃고 서러운 손님께 추천해 드리는 특별 메뉴.

3. 별나별나초콜릿(몇 더하기 몇=두 자리 수)...50
뱅뱅 어지러운 마음을 달래 주는 달콤한 맛.

4. 촉촉사르르카스텔라(식 세우기, 뺄셈식, 덧셈식)...62
입안에서 사르르 살살, 녹아요, 녹아!

5. 쌍둥이스테이크(길이 재기)...78
똑같은 양, 정확한 양을 자랑하는 스테이크.

후식. 몰라몰라주스...98
한 모금 꿀꺽하면 어려운 문제가 술술 풀리는 주스가 있다면?

"드르륵!"

수학식당 문이 열렸어요. 드디어 첫 손님이 방문한 거예요!

"여기가 바로 수학이 고픈 사람을 환영한다는 수학식당인가요?"

"그럼요, 그럼요. 옳게 찾아오셨습니다. 어서 들어오세요."

얼마나 기다렸던 첫 손님인지, 당케는 반가운 나머지 앞치마도 벗지 않은 채 달려 나갔어요.

"자, 이쪽 네모난 테이블로 앉으시죠."

당케는 손님이 앉을 자리를 안내했습니다. 그런데 이게 웬일일까요?

당케의 말이 끝나기가 무섭게 손님이 난데없이 비명을 지르지 뭐예요.

"꺄악!"

"손님, 무슨 일이십니까?"

"나더러 저런 흉측한 네모 테이블에 앉으라고요! 아휴, 끔찍해라. 저기 동그란 테이블에 앉겠어요."

당케는 몹시 어리둥절했어요. 손님을 동그란 테이블로 안내한 뒤, 당케는 주방으로 달려갔습니다. 그러고는 벽장 앞에 서서 셰프를 애타게 불렀어요.

"셰, 셰프! 첫 손님이 왔어요.

무척 까다로운 분이십니다. 어서 나와 보세요!"

벽장 문이 스르륵 열리더니, 셰프가 나왔어요. 셰프는 뭔가 알 듯 말 듯한 표정을 짓더니 '오늘의 추천 메뉴'를 써 내려갔어요.

당케는 다시 손님에게 다가가 셰프의 추천 메뉴를 소개했어요.

"손님, 특별한 손님께만 제공해 드리는 셰프의 추천 메뉴입니다. 상큼한 과일과 아삭아삭 양상추, 짭조름한 치즈와 두툼한 햄이 완벽한 조화를 이룬 최고의 맛, 사각사각샌드위치를 한번 드셔 보시겠습니까?"

"헉! 다른 메뉴는요? 제가 도저히 못 먹을 음식 같은데……."

"아니, 왜 그러시는지?"

"그따위 음식은……, 절대로 먹고 싶지 않아요! 절대로요!"

"그따위라니요? 저희 수학식당의 사각사각샌드위치로 말할 것 같으면 에헴, 갓 구운 따끈따끈한 사각 식빵에 오늘 아침 농장에서 직접 들여온 사각 치즈와 사각 햄, 사각사각 채소를 곁들여 만든 샌드위치로서……."

"제발 그 사각 소리 좀 그만! 식빵도 사각, 치즈도 사각, 햄도 사각. 사각 소리만 들으면 울렁울렁해서 못 참겠단 말이에요!"

"그만해라, 당케! 뒤로 세 발, 왼쪽으로 네 발!"

언제 준비했는지, 셰프가 향긋한 냄새의 샌드위치를 들고 나왔어요.

"손님, 사각사각샌드위치입니다. 한번 드셔 보시죠. 입맛에 맞지 않으시면 다른 요리를 해 드리겠습니다."

무뚝뚝한 셰프가 손님에게는 어찌나 사근사근한지 당케는 놀란 토끼 눈이 되었어요.

"어, 사각형이 아니군요! 제가 괜한 오해를 했어요. 죄송해요."

"사각형이 아닌 건 아닌데……."

셰프가 뭔가 말하려는데, 어느새 손님이 샌드위치를 집어 한입 베어 물었어요. 그런데 손님의 눈에서 갑자기 눈물 방울이 떨어졌어요.

"셰프! 에이, 또 매운 거 넣으셨구나! 손님께 청양고추를 넣어도 될지 여쭤 보고 넣으셨어야죠. 셰프 입맛에만 맞추면 손님이 두 번 다시 안 온다고요."

"아, 아니에요. 매워서 우는 게 아니에요."

아차, 이번엔 당케가 뭔가 잘못 짚었나 봐요.

손님은 눈물을 훔치며 샌드위치를 한입 더 베어 먹었어요. 손님은 함박웃음을 지었어요.

"샌드위치 먹어 본 지 정말 오래됐어요. 게다가 이렇게 맛있는 샌드위치는 처음 먹어 봐요!"

손님은 눈 깜짝할 사이에 샌드위치를 다 먹어 치웠어요. 우유를 한 컵 들이켠 뒤 입술을 싹싹 훔치더니 묻지도 않은 이야기를 줄줄 늘어놓기 시작했어요.

"제 별명은 사각 공주예요. 얼굴이 네모나다고 놀리는 말이죠. 친구들한테 놀림을 받으니까 사각형이 싫어졌어요. 사각형이 나오는 수학도 딱 싫어졌지요. 수학이 없다면 사각형도 없을 테고, 놀림을 받는 일도 없을 텐데. 그래서 저는 사각형으로 된 물건은 절대로 쓰지 않고, 사각형으로 된 음식은 절대로 먹지 않아요."

이야기를 듣던 셰프는 조용히 주방으로 들어가더니 두 팔에 접시를 잔뜩 쌓아 올린 채 휘청휘청 걸어 나왔어요.

쭉 늘어놓은 접시들을 보고, 손님이 감탄을 했어요.

"와, 이게 다 접시예요? 정말 아름다워요!"

당케는 평소에 알던 셰프가 맞나 싶어 왠지 불안했어요.

"셰프! 아끼던 접시들을 내오시다니, 웬일이세요? 깨뜨릴까 봐 애지중지 바라만 보시던 접시 아니에요?"

"이럴 때 쓰려고 아껴 둔 것이지. 자, 손님, 이 접시들에는 하나의 공통점이 있습니다. 무엇일까요?"

"혹시 영국 왕실에서 쓴다는 로얄 알라퐁 접시?"

"땡, 아닙니다."

"아, 알았다! 엄마들이 보면 너무 좋아서 기절한다?"

"땡, 아닙니다."

손님은 접시들을 이리 보고 저리 보며 알쏭달쏭한 표정만 지었어요. 마침내 셰프가 입을 열었어요.

"정답을 말씀드리지요. 모두 '사각형'이라는 것입니다."

당케가 못 믿겠다는 표정으로 대꾸했어요.

"이게 다 사각형이라고요? 에이, 노란 접시처럼 네모 반듯한 것만 사각형이잖아요."

"그것은 오해입니다. 사각형은 '4개의 선분으로 둘러싸인 도형'을 말해요. 여기 접시들은 모두 4개의 선분으로 둘러싸여 있어요. 그러니 사각형이 맞습니다."

"와, 놀라워요."

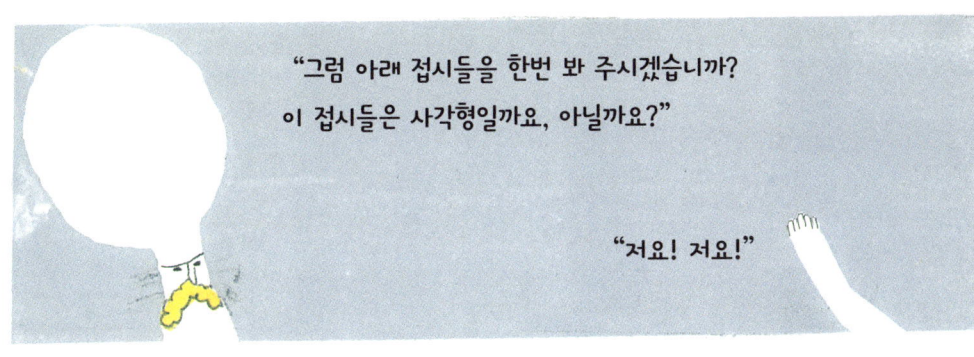
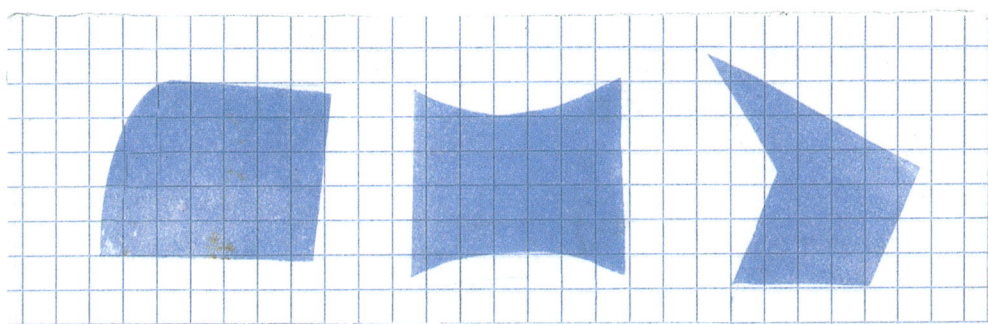
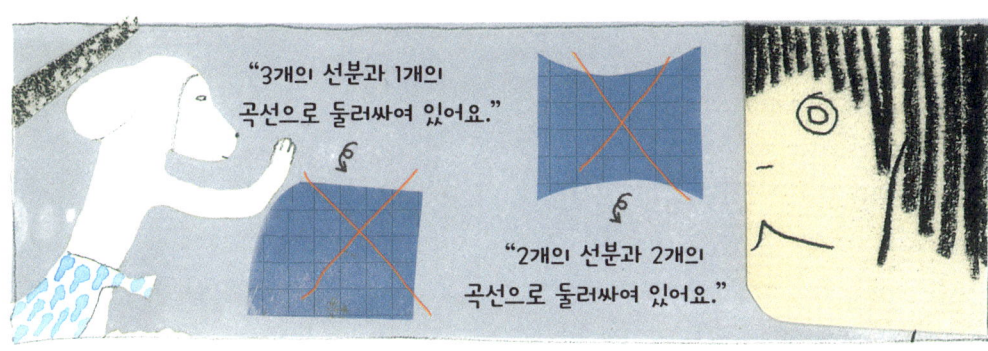
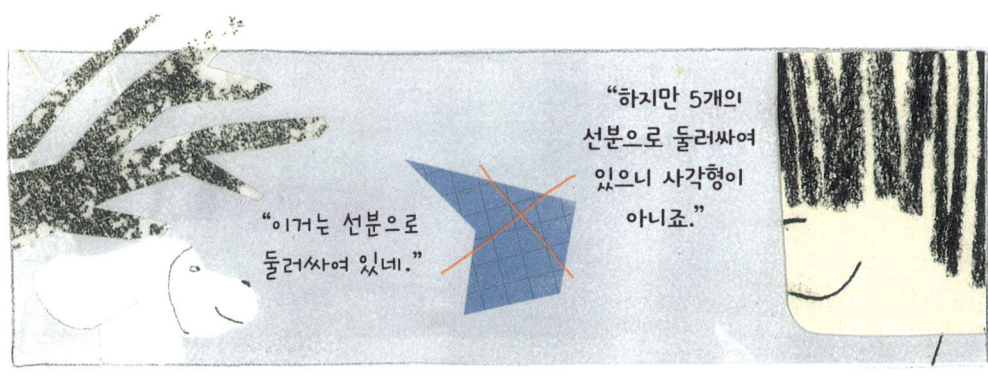

"손님, 잘 맞히셨습니다. 모두 사각형이 아닙니다."
"그런데요, 우리 주변에는 왜 노란 접시같이 생긴 사각형이 많은 거예요?"

"그런 사각형을 직사각형이라고 하지요. 직사각형은 가장 편안하고 안정된 느낌을 주는 도형입니다. 그래서 사람들에게 가장 사랑받는 거랍니다. 직사각형으로 된 물건에는 무엇이 있는지 말해 볼까요?"

"텔레비전!"

"컴퓨터!"

"액자!"

"스케치북!"

"그림책!"

…….

손님과 당케는 직사각형으로 된 물건들을 하나하나 주거니 받거니 외치고 있었어요. 아무리 말해도 끝이 없을 정도로 직사각형으로 된 물건은 무척 많았어요. 셰프는 후식을 준비하려고 이미 주방으로 들어갔지요.

"당케, 다 됐다!"

당케는 셰프가 준비한 후식을 조심조심 손님의 테이블 위에 차렸어요.

"뚜껑을 열겠습니다! 하나, 둘, 셋!"

"와!"

직사각형 접시에 동그란 푸딩이 담겨 있었어요. 탱글탱글 투명한 푸딩 속에는 왠지 사랑스러운 마음이 들어 있는 것 같아요. 손님은 푸딩처럼 맑은 웃음을 지었어요.

"모든 사각형은 아름답습니다.
아름다운 접시에 무엇을 담을까,
오늘부터는 그걸 고민하세요."

꼭짓점과 변

사각형에는 꼭짓점과 변이 있어요. 우선 변이 뭔지부터 말씀 드릴게요.
어유, 지금 그 변을 상상하는 거 아니에요? 이런 변을 봤나! 지저분한 변이 아니고요, 깨끗한 변이라고요!
사각형은 '4개의 선분으로 둘러싸인 도형'이라는 거 알고 있죠?
그런데 선분이 모여 사각형이 되면 그때부터 선분을 '변'이라고 부르는 거예요. 그럼 꼭짓점은 뭘까요?
변과 변이 만나서 이루어진 점을 말해요.
여기서 중요한 건 툭 튀어나온 것만 꼭짓점이 아니라는 거!
쑥 들어간 것도 꼭짓점이에요. 이 점을 꼭 놓치지 마세요.

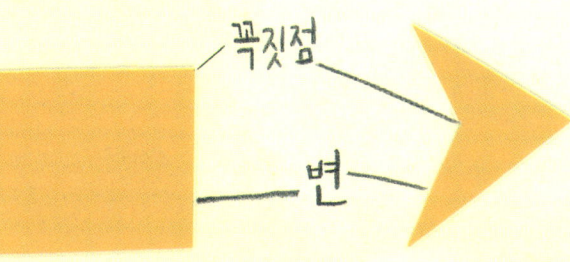

당케는 오후 내내 감자 세기 수련을 하고 있어요.

"쉰다섯, 쉰여섯, 쉰일곱, 그다음에 뭐더라. 그래 맞다, 일흔!"

"아직도 세고 있느냐?"

당케는 갑자기 들려온 셰프의 목소리에 화들짝 놀랐어요.

"아이고, 깜짝이야. 비밀 수학 레시피, 아니아니, 그렇게 부르지 말랬지. 그 뭐냐, 맞다! 비수레 개발하신다고 손님이 오기 전에는 찾지 말라고 하셨잖아요. 근데 언제 나오셨어요?"

셰프는 당케의 말은 듣는 둥 마는 둥 질문만 했어요.

"감자가 모두 몇 개냐?"

"몇 개였더라. 에이, 셰프 때문에 다 까먹었잖아요!"

당케는 제 머리를 통통 때렸습니다. 그때 유리창 밖에서 웃음이 터지는 소리가 들려왔어요.

"쿡쿡, 저런 엉터리 개가 무슨 수학식당 후계자라고……."

"킥킥, 맞습니다요. 이제 우리가 비수레를 손에 넣는 것은 시간문제입니다요."

이상한 소리에 깜짝 놀란 셰프가 식당 밖으로 뛰어나갔어요.

"거기, 누구냐?"

하지만 식당을 엿보던 자들은 벌써 사라지고 없었어요.

"봉팔 셰프 일당이 분명해. 조금 전 유리창으로 슬쩍 보였던 8개의 봉오리! 봉팔 셰프가 틀림없어. 당케의 약점을 들키고 말았으니, 이를 어쩐담."

셰프는 다시 식당으로 돌아왔어요.

"아직도 주먹구구식으로 수 세기를 한단 말이냐! 답답하구나. 당장 자루를 가져와라."

'그냥 세기도 바쁜데 웬 자루?'

당케는 입을 삐죽거리며 창고에 가서 자루를 꺼내 왔어요.

"감자를 10개씩 모아라. 그런 다음 자루에 담도록."

당케는 셰프의 말대로 감자를 10개씩 모은 뒤, 자루에 담기 시작했습니다.

"다 담았느냐?"

"담는 거야 쉽지요. 세는 게 어렵지."

"쯧쯧쯧. 다 차려 놓은 밥상에 숟가락만 얹으면 되는 걸 어렵다고 하느냐? 여기 10개씩 7묶음에 낱개가 3개이다. 그럼 모두 몇 개냐?"

"그거야 식은 감자 먹기죠. 아주 많~개입니다.

"예끼!"

바로 그때, 문이 드르륵 열리며 남자아이가 빼꼼히 고개를 내밀었어요.

"여기가 배고픈 사람을 환영한다는 수학식당인가요?"

"네, 맞아요! 어서 오세요!"

당케는 때마침 찾아온 손님이 무척 반가웠어요.

"헤헤, 바쁘신데도 불구하고 저희 수학식당을 찾아 주셔서 대단히 감사……."

"아이고, 배고파! 떡볶이 되나요?"

손님은 당케의 말이 끝나기도 전에 배를 움켜쥐고 질문하기에 바빴어요.

"손님께서는 수학이 몹시 고프신 모양이로군요."

"수학이 고픈 게 아니고요, 그냥 배가 고파요. 아직 점심을 못 먹었거든요. 꼬르륵."

"어디 아프셨나요? 혹시 구토, 설사, 복통을 동반한 소화불량?"

"그런 거 아니거든요. 전 오늘 완전히 집 잃은 개 신세였답니다."

당케와 셰프는 '집 잃은 개'라는 말에 순간 깜짝 놀라 서로의 얼굴을 바라보았어요.

둘은 3년 전 그날을 아직도 생생하게 기억하고 있어요.

어느 눈 오는 날, 당케는 엄마 심부름을 갔다가
길을 잃었지요. 집을 찾아가려면 냄새를 맡아야 하는데,
눈이 모든 냄새를 덮어 버린 거예요. 당케는 밤늦도록 헤매고
다녔어요. 날은 점점 더 추워지고, 배는 몹시 고팠지요.
그러다 어느 골목길에 들어섰는데, 허름한 집 한 채가 보였어요.
문을 닫은 지 아주 오래된 식당 같았지요. 거미줄이 치렁치렁 매달려
있고, 문틀엔 먼지가 켜켜이 쌓여 있었어요. 그런데 좁은 문틈으로
가느다란 불빛이 새어 나오더니, '피타골 피타골~.' 하며 중얼거리는
소리가 들리는 거예요. 더 반가운 것은 솔솔 풍기는 맛있는 음식
냄새였어요. 당케는 갑자기 힘이 솟았어요.
"똑똑똑, 누구 계세요?"
아무도 대답하지 않았어요. 당케는 다시 소리쳤어요.
"거기 누구 안 계세요?"
하지만 한참을 기다려도, 아무도 나오지 않았어요.
당케는 젖 먹던 힘까지 다해 한 번 더 크게 소리쳤어요.
"탕탕탕, 밥 좀 주세요. 저는 집 잃은 개라고요. 네?"

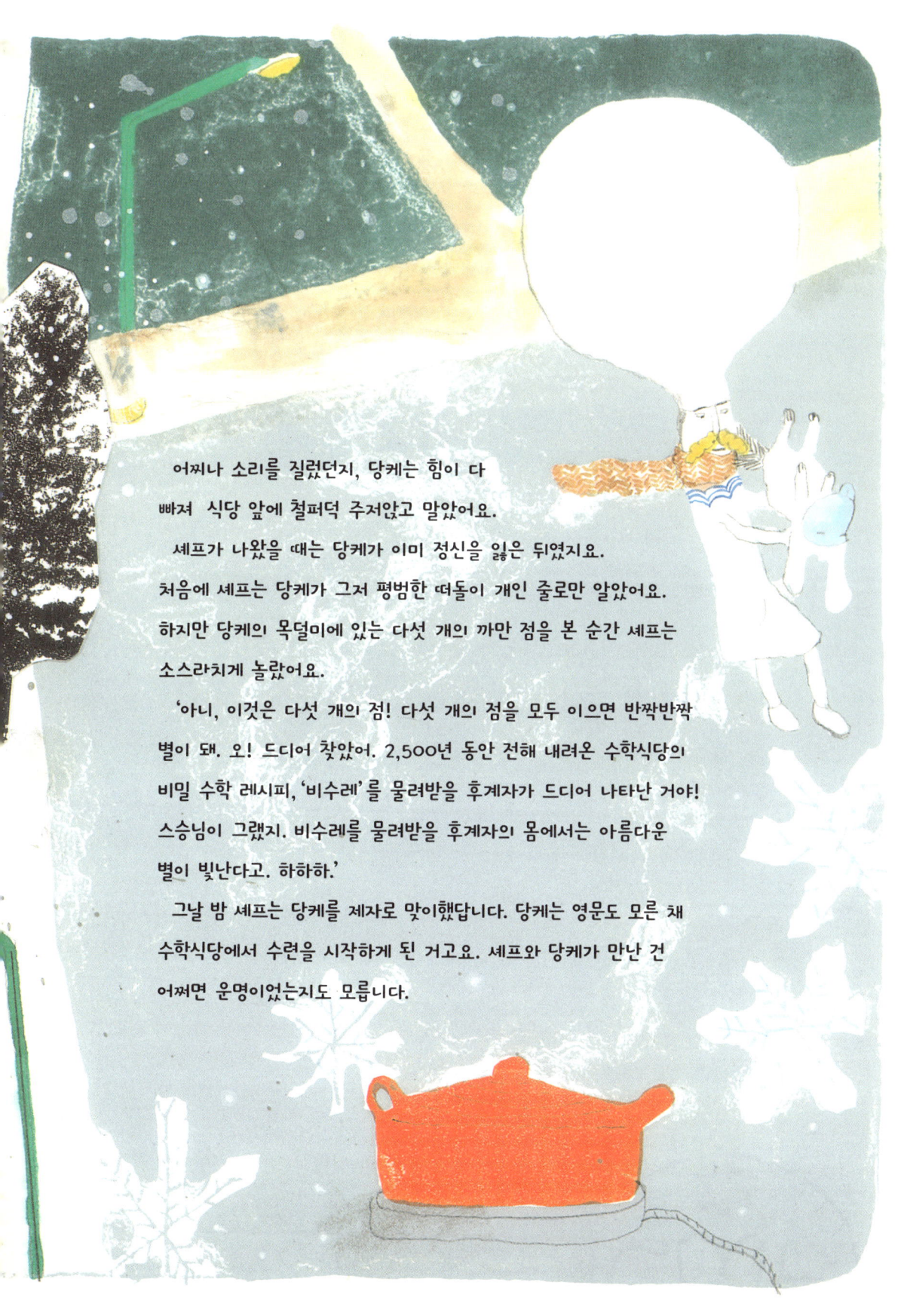

 어찌나 소리를 질렀던지, 당케는 힘이 다 빠져 식당 앞에 철퍼덕 주저앉고 말았어요.
 셰프가 나왔을 때는 당케가 이미 정신을 잃은 뒤였지요. 처음에 셰프는 당케가 그저 평범한 떠돌이 개인 줄로만 알았어요. 하지만 당케의 목덜미에 있는 다섯 개의 까만 점을 본 순간 셰프는 소스라치게 놀랐어요.
 '아니, 이것은 다섯 개의 점! 다섯 개의 점을 모두 이으면 반짝반짝 별이 돼. 오! 드디어 찾았어. 2,500년 동안 전해 내려온 수학식당의 비밀 수학 레시피, '비수레'를 물려받을 후계자가 드디어 나타난 거야! 스승님이 그랬지. 비수레를 물려받을 후계자의 몸에서는 아름다운 별이 빛난다고. 하하하.'
 그날 밤 셰프는 당케를 제자로 맞이했답니다. 당케는 영문도 모른 채 수학식당에서 수련을 시작하게 된 거고요. 셰프와 당케가 만난 건 어쩌면 운명이었는지도 모릅니다.

"두 분 제 말 듣고 계세요?"

손님이 당케와 셰프를 번갈아 보며 소리쳤습니다.

"아아, 아닙니다. 죄송해요. 집 잃은 개 신세란 도대체 무엇인가, 잠시 고민에 빠졌더랬지요."

"제 고민을 대신해 주시다니 고마워요. 사실은 이런 일이 있었답니다. 저희 집이 오늘 이사를 했어요. 제가 학교 간 사이에 엄마하고 아빠가 먼저 이사를 갔지요."

"그럼 이사한 집에 처음으로 가는 길이었다, 이거죠?"

"맞아요. 오늘 아침에 엄마가 새 아파트의 동, 호수를 알려 줬어요. 난 새 주소를 메모지에 꼭꼭 받아 적었어요. 그리고 학교가 끝나자마자 곧장 새집으로 달려갔어요."

손님은 침을 한 번 꼴깍 삼키고 말을 이었습니다.
"새집을 찾아 '옳지, 여기군.' 하며 초인종을 눌렀는데, 황당하게도 모르는 아줌마가 나오는 거예요!"
"손님이 주소를 잘못 들었거나, 잘못 적었나 보군요."

"똑바로 듣고 똑바로 적었거든요! 엄마한테 분명히 '나미안아파트 오 동 백팔 호 맞지?' 하면서 확인까지 했단 말이에요."

"알겠습니다. 알겠습니다. 그래서 어떻게 했나요?"

"백 자가 들어간 집을 모두 찾아 초인종을 눌렀지요. 한 집씩 차근차근, 백일 호부터 백이 호, 백삼 호, 백사 호, 백오 호, 백육 호, 백칠 호까지. 하지만 대실패였죠!"

"난감했겠군요. 도대체 몇 호로 이사를 가신 걸까요?"

"문득 엄마가 늘 하시던 말씀이 떠올랐어요. 난, 엄마가 다리 밑에서 주워 온 아이라고 했지요. 그때 알았어야 했는데. 훌쩍훌쩍! 엄마가 드디어 날 버린 거예요. 나 몰래 이사를 가 버리다니, 흑흑!"

그때 셰프가 나섰습니다.

"어디, 주소를 받아 적은 쪽지 좀 볼까요?"

셰프의 말에 손님이 주머니 속에서 꼬깃꼬깃 접힌 쪽지를 꺼냈습니다.

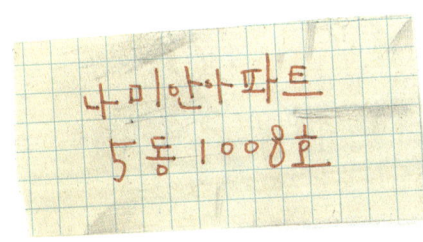

셰프가 쿡쿡 새어 나오는 웃음을 겨우 삼켰습니다.

"왜 웃으세요? 나미안아파트 오 동 백팔 호, 맞잖아요?"

"글쎄, 과연 그게 백팔 호일까요?"

"1008에는 100이 있고, 8이 있으니 백팔 호이지요.

수학식당이라더니 순 엉터리네요! 숫자 하나도 제대로 못 읽고 말이에요! 쳇, 그만 가겠어요!"

"손님, 그냥 가시면 어떡합니까? 자릿값을 생각하셔야지요?"

"자릿값이라니요? 아무것도 안 먹었는데 돈을 내라는 거예요?"

당케는 나가려는 손님을 붙잡고 매달렸습니다.

"아이고, 손님. 돈이 웬 말입니까? 그 자릿값 말고, 수를 읽거나 쓸 때의 자릿값 말이에요. 자릿값을 생각하면 1008이 백팔로 보이지 않을 거라는 셰프의 조언입니다요, 네네."

당케는 간신히 손님을 다시 제자리에 앉혔어요. 그사이 셰프는 언제 음식을 준비했는지, 김이 모락모락 나는 접시를 내왔어요.

"주문하신 음식 나왔습니다!"

"와, 떡볶이다!"

손님은 군침을 꿀꺽 삼켰습니다.

"잠깐! 이건 그냥 먹는 떡볶이가 아닙니다. 접시 하나에 떡 하나씩만 담아 먹는 떡볶이입니다."

"보통 떡볶이인데요, 뭘. 배고픈데 그냥 먹으면 안 될까요?"

셰프는 두 눈을 부릅뜨며 먹는 규칙을 계속 설명했습니다.

"손님 앞에 네 개의 작은 접시가 있습니다. 맨 왼쪽에 있는 접시부터 천, 백, 십, 일이라는 자릿값을 가져요. 똑같은 걸 어떤 접시에 담느냐에 따라 값이 달라지지요. 그럼 이제부터 막대기 떡과 조랭이 떡, 어묵을 접시에 놓을 겁니다.

이때 주의할 점! 막대기 떡은 1, 조랭이 떡은 8, 어묵은 0이라는 숫자를 나타냅니다. 놓여진 수가 몇인지 알아맞혀야 떡볶이를 먹을 수 있다는 거 명심하세요."

"그러다 체하겠어요!"

"걱정 마세요. 오히려 막힌 속이 뚫릴 테니까요. 자, 갑니다. 막대기 떡 하나, 조랭이 떡 하나를 놓습니다. 그럼 어떤 수가 될까요?"

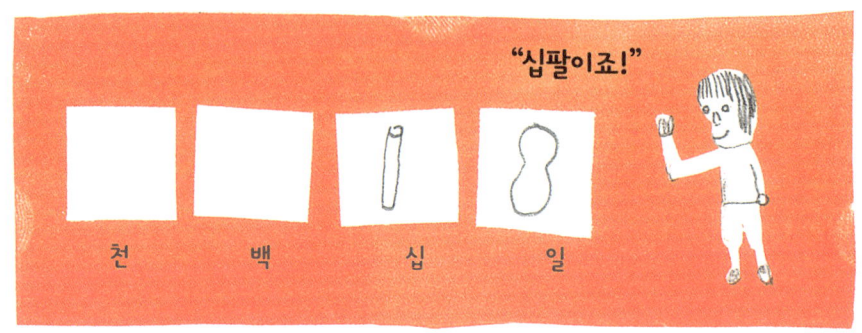

"딩동댕. 그럼 다음 문제! 막대기 떡 하나, 어묵 하나, 조랭이 떡 하나를 차례대로 놓으면?"

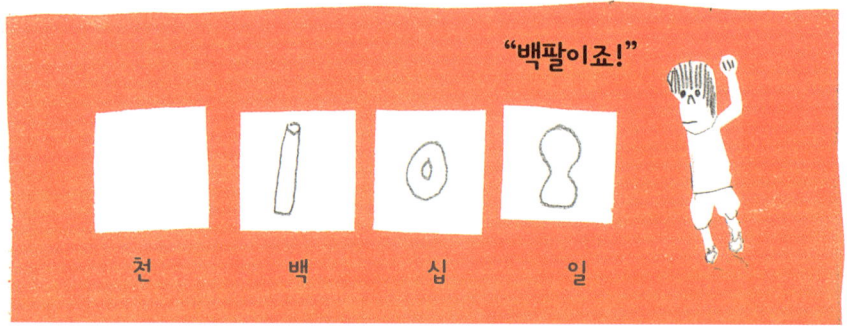

"잘하셨어요. 자, 그럼 마지막 문제. 이 수를 알아맞히면 떡볶이를 먹을 수 있습니다. 자, 갑니다.

막대기 떡, 어묵, 어묵, 조랭이 떡을 차례로 놓으면?"

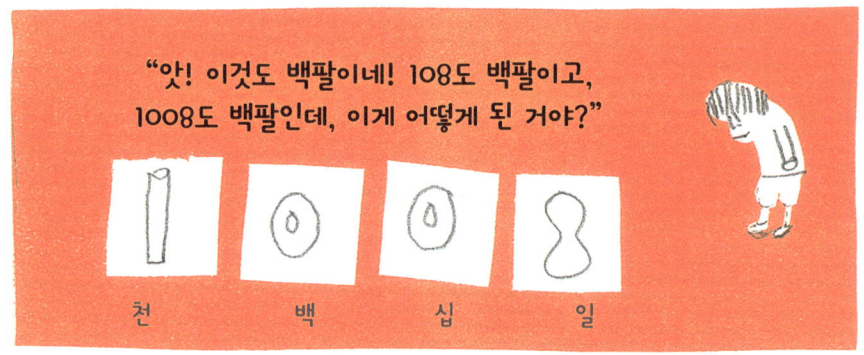

손님은 뭔가 생각났다는 듯이 다시 입을 열었어요.

"아아, 실수했네요. 이게 백팔이네요. 아까 것(108)은 십팔이고요."

"네? 다시 생각해 보세요. 막대기 떡이 맨 왼쪽 접시에 놓였을 때 백일까요? 천일까요? 힌트는 천! 천! 히……."

"천!"

"딩동댕. 맞습니다! 천! 거기에 조랭이 떡을 합쳐 읽으면?"

"천팔?"

"빙고! 축하합니다. 이제 떡볶이를 맘껏 드세요."

"그러니까 우리 집 백팔 호는 1008호가 아니라 108호로군요! 감사합니다. 감사합니다. 제가 이럴 때가 아니에요. 엄마!"

"자릿값 비싼 떡볶이도 불면 맛이 없습니다."

자릿값과 0

자리가 사람을 만든다는 말이 있어요.

그런데 혹시 자리가 수를 만든다는 말을 들어 보셨나요?

아마 한 번도 못 들어 봤을 거예요. 제가 만든 말이거든요. 하하하!

네 개의 숫자가 연달아 쓰여 있는 수가 있으면, 왼쪽부터 순서대로 천의 자리, 백의 자리, 십의 자리, 일의 자리예요.

만약 어떤 자리에 0이 있으면, 안 읽고 건너뛰면 돼요.

0은 그 자리에 아무것도 없다는 표시거든요.

한 가지 더! 1로 시작하는 수라면 1을 굳이 읽지 마세요.

안 읽어도 1인지 다 아니까 생략하기로 약속했대요.

2 0 7	7 0 3 9	1 0 0 4	1 0 9
이백 칠	칠천 삼십 구	천 사	백 구

"엉엉!"

아니, 이게 무슨 소리일까요? 식당 밖에서 나는 누군가의 울음소리였습니다. 당케는 부랴부랴 밖으로 나가 보았어요.

자그마한 여자아이가 코를 훌쩍거리며 울고 있었어요.

"손님, 무슨 일이세요? 손님이 우니까 제가 더 슬프네요. 흑흑."

"인간으로 태어난 게 너무 슬퍼요."

손님의 알쏭달쏭한 대답에 당케는 고개를 갸우뚱했어요.

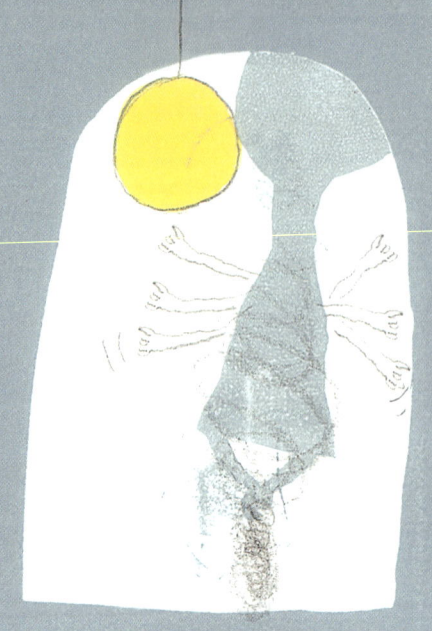
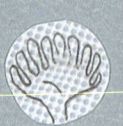

테이블로 안내받은 손님은 질문을 마구 쏟아 내었어요.

"저는 왜 손가락이 10개밖에 안 되는 인간으로 태어난 걸까요? 외계인처럼 손가락이 20개, 30개였다면 좋았을걸. 왜 하필 10개냐고요?"

"아, 그렇게 쉬운 질문은……, 셰프에게 물어보세요."

"더하기 때문이군요!"

"에구머니나! 깜짝이야."

셰프가 언제부터인지 당케 바로 뒤에 바짝 다가와 있었지 뭐예요.

손님도 놀라긴 마찬가지였나 봐요. 두 눈이 둥그레졌어요.

"그걸 어떻게?"

셰프는 마치 모든 걸 다 알고 있다는 듯이 말을 이었어요.

"열 손가락만으로 안 풀리는 더하기 문제를 처음 만나면, 누구나 머리가 뱅뱅 도는 어지럼증이 생기게 마련입니다."

"누구나요?"

"그럼요. 누구나 처음엔 다 그렇습니다. 잠깐 뱅뱅거리지만 금방 괜찮아질 거예요. 제자리에서 몇 바퀴를 돌다 멈추면 조금 어지럽다가 괜찮아지는 것처럼 말이죠. 더하기는 바로 그런 거예요."

손님의 얼굴빛이 서서히 밝아졌어요.

"열 손가락이 부족할 땐 별나별나초콜릿과 그 상자를 이용하면 좋아요. 잠깐만 기다리세요."

셰프가 선반에서 초콜릿 상자를 꺼내 왔어요.

"아니, 이럴 수가! 죄송합니다. 별나별나초콜릿이 몇 개 없어졌군요. 잠시만요, 다른 상자를 가져오겠습니다."

"헉! 이건 더 심하군. 5개밖에 안 남았잖아!"
셰프가 당케의 얼굴을 뚫어져라 바라보았어요.
"당케, 요 녀석! 도대체 어떻게 된 일이냐?"
'아이코, 들켰네.'

당케는 심장이 두근두근 방망이질을 했어요.

"죄송합니다, 셰프. 너무 맛나 보여서 하나씩 먹다 보니……."

셰프는 두리번두리번 주위를 살피더니 당케의 귀를 잠시 빌렸어요.

"당케야, 지금부터 내가 하는 말을 잘 들어라. 네 몸에는 이미 아름다운 별이 빛나고 있단다. 별 초콜릿 따위에 마음이 흔들리면 절대로 안 돼. 호시탐탐 비수레를 노리는 자들이 있다. 비수레를 빼앗기면 세상은 혼란에 빠지고 말아. 정신 바짝 차리고 수련에 매진하는 것만이 네가 비수레를 지키는 길이야. 알겠느냐?"

"네? 네."

당케는 마지못해 대답은 했지만, 왠지 섭섭한 마음이 들었어요.

'내 몸에 이미 아름다운 별이 있다니? 살다 살다 별소리를 다 듣겠네. 내가 누구야? 셰프의 하나뿐인 조수이자 제자잖아. 그까짓 초콜릿 몇 개 먹었다고 이렇게 없는 말까지 지어내시다니 정말 서운해.'

셰프는 다시 초콜릿 상자를 가리키며 질문을 했어요.

"당케, 남은 초콜릿이 모두 몇 개냐?"

"이 상자에 7개, 저 상자에 5개가 있으니, 7 더하기 5를 하면……셰프, 갑자기 너무 어지러워요."

"이런, 쯧쯧."

셰프는 당케가 못마땅하다는 듯 혀를 끌끌 찼어요.

손님이 안쓰러운 눈으로 당케와 셰프를 번갈아 보았어요.

"너무 다그치지 마세요. 제게 좋은 생각이 막 떠올랐거든요."

손님이 초콜릿을 하나씩 옮겨 가며 이야기를 했어요.

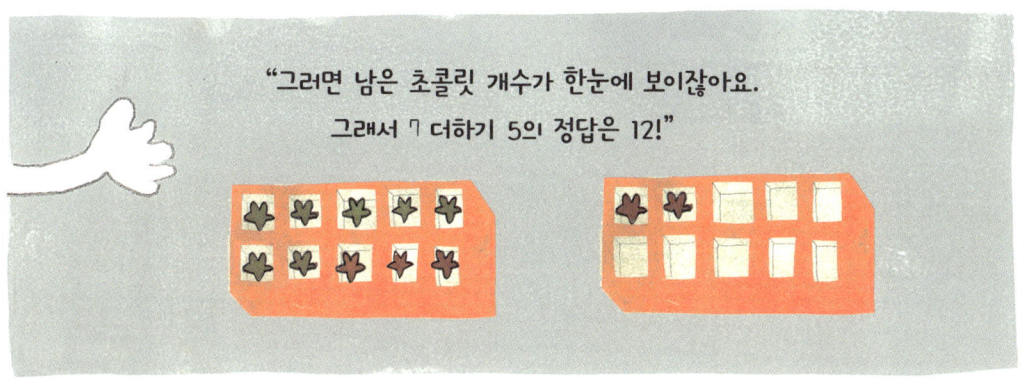

"와, 대단하십니다! 이렇게 쉽게 답을 맞히시다니, 대단해요."

당케는 이런 수학 천재가 무엇 때문에 수학식당을 찾아왔는지 이해가 되지 않았어요. 그때 당케의 뒤통수로 '반짝' 하고 무언가가 스쳐 지나갔어요.

"잠깐! 이런 방법은 어때요?"

손님과 셰프의 칭찬에 당케는 약간 우쭐해졌어요. 그리고 조금 전에 셰프가 한 말이 귓가에 맴돌았어요.

"당케야, 네 몸에서는 아름다운 별이 빛난단다."

'무슨 말인지는 모르겠지만, 아무튼 기분 좋은 말이야.'

셰프는 손님에게 초콜릿 상자를 건넸습니다.

"더하기 때문에 어지러울 땐 이 초콜릿을 드세요."

"고마워요. 이제 초콜릿을 실컷 먹어야겠어요. 머릿속으로 그림도 항상 기억하고요!

"눈에 보이는 초콜릿은 녹아 버리지만, 머릿속으로 그린 초콜릿은 영원합니다."

여러 가지 덧셈 방법

 7과 5를 더하는 방법은 여러 가지예요.
 한 가지 방법도 알기 힘든데, 왜 여러 가지 방법을 알아야 하냐고요?
 사람마다 좋아하는 음식이 달라요. 달걀 요리라도 어떤 사람은 달걀말이를 좋아하고, 어떤 사람은 달걀찜을 좋아해요.
 학교에서 집에 갈 때 여러 길 가운데 내가 좋아하는 길이 따로 있을 거예요. 수학도 마찬가지예요.
 여러 가지 방법 중 내 마음에 쏙 드는 계산 방법이 따로 있다는 사실! 그 방법을 찾는다면 수학이 더욱 재미있어진답니다.
 다음에 소개하는 세 가지 방법 가운데 내 마음에 쏙 드는 계산 방법을 찾아볼까요?

$$7+5$$

방법1

둘 중에서 작은 수인 5를 3과 2로 가르기 해요. 이때 3을 7에 더해 주면 10이 돼요. 거기에 남은 2를 더해 주면 12가 나온답니다!

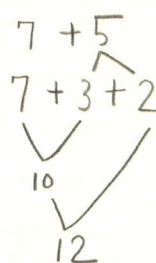

방법2

둘 중에서 큰 수인 7을 2와 5로 가르기 해요. 이때 5를 뒤에 있는 5와 더해 주면 10이 돼요.
거기에 남은 2를 더해 주면 정답!

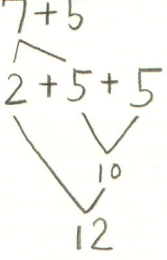

방법3

7에다 3을 더해서 10을 만들고, 여기서 더한 3을 5에서 빼 줘요.
5에서 3을 빼면 2가 돼요.
마지막으로 10과 2를 더하면 정답!

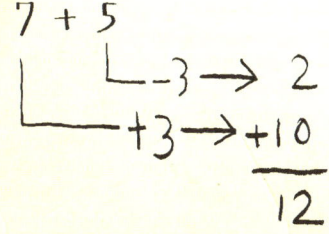

"음~, 달콤한 냄새!"

수학식당 안에 빵 굽는 냄새가 가득했어요.

"이게 무슨 냄새더라?"

당케는 어디서 많이 맡아 본 냄새 같아 기억을 더듬거렸어요.

"그래 맞아! 카스텔라! 엄마가 해 주시던 부드럽고 촉촉한 빵!"

당케의 머릿속에 어렸을 때의 한 장면이 불쑥 떠올랐어요.

"당케! 천천히, 천천히. 우유랑 같이 먹어야지."
"엄마, 제가 무슨 고양이인가요? 우유를 마시게. 엄마가 해 주시는 카스텔라는 우유가 필요없다니까요. 입안에서 그냥 사르르 녹는걸요. 헤헤."
엄마는 입가에 가루를 잔뜩 묻히고 씨익 웃는 당케를 흐뭇하게 바라보았어요.
"당케야, 이담에 크면 뭐가 되고 싶어?"
"요리사요. 맛있는 요리를 만들어 사람들을 행복하게 해 줄 거예요."
"그래그래. 할 수 있다고 마음먹으면 그대로 되는 법이야. 넌 반드시 할 수 있어."
엄마는 5개의 점이 박힌 당케의 목덜미를 오래오래 쓰다듬어 주었어요. 그때 창밖으로 반짝 하고 별 하나가 스치고 지나갔어요.

당케의 눈에서 눈물 한 방울이 또르르 흘러내렸어요.

"엄마! 조금만 기다리세요. 모든 수련을 끝마치고 돌아가는 그날까지!"

당케는 눈물을 쓱쓱 훔치고, 두 주먹을 불끈 쥐었어요.

그때 셰프가 달걀을 들고 다가왔어요.

"열심히 해 보겠다는 굳은 의지! 좋아요, 좋아!"

"오랜만에 들어 보는 칭찬이네요."

"3년이라는 긴 시간 동안, 온갖 궂은일을 마다하지 않고 견뎌 온 너에게 격려의 말을 전하는 바이다."

"네? 그럼 오늘부터 수학 요리를 가르쳐 주신다는 뜻?"

당케는 호들갑을 떨며, 셰프에게 바짝 다가갔어요.

"그렇다. 오늘 너에게 주어질 수련 과제는 두구두구두구……, 달걀 거품 내기!"

"에이, 달걀 거품쯤이야 식은 죽 먹기죠."

"만만하게 보면 안 돼. 오늘의 디저트, 촉촉사르르카스텔라의 맛을 결정할 중요한 포인트지. 거품이 너무 물러도, 너무 굳어도 안 돼. 손님들 오시기 전에 빨리 서두르도록!"

"이 달걀을 다 깨라고요?"

"아니야. 9개 중에서 7개만 깨서 거품을 내라!"

"7개요? 알겠습니다. 그런데요, 또 한 가지 질문이 있어요. 거품기를 얼마나 오래 저어야 합니까?"

"달걀을 마구 휘젓다 보면, 거품이 너무 올라오지도 않고, 너무 꺼지지도 않는 적당한 때가 있단다. 그 적당한 순간을 네가 직접 찾아보아라. 단, 노른자, 흰자를 분리해서 저어야 한다는 거 잊지 마! 오늘의 미션, 지금 바로 도전해 보도록!"

"옛, 셰프!"

탁, 탁, 탁! 당케는 눈 깜짝할 사이에 달걀을 깨 넣고는 거품기로 노른자를 마구마구 팍팍 휘저었어요! 그러다 갑자기 '아차!' 하는 생각이 들었어요.

'내가 달걀을 몇 개 깨 넣었더라?'

너무 정신없이 달걀을 깼나 봐요. 몇 개인지 세지도 않고요.

'어떡하지? 달걀이 9개 있었는데, 남은 건 4개네. 도대체 몇 개를 깬 거야?'

달걀을 이리 굴리고 저리 굴리고 해 봐도 모르겠어요. 당케는 혼자 낑낑거리고 있었어요.

투두둑. 그때 셰프가 당케에게 뭘 던져 주었어요.. 9개의 돌멩이였어요.

"자라나는 새싹에게 돌을 던지시다니! 셰프, 너무하세요!"

놀란 당케가 투덜댔지만, 셰프는 못 본 체했어요.

"돌멩이를 늘어놓아 보아라. 그런 다음 모르는 수를 □로 하여 식을 세워 보도록!"

당케는 우선 돌멩이 9개를 줄줄이 늘어놓았어요.

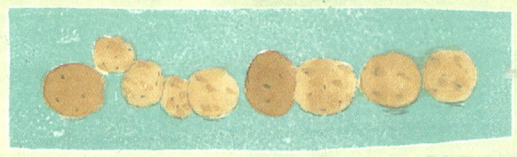

셰프의 말대로 식도 멋지게 세워 보았어요.

"9개가 있는데, 몇 개를 깼어. 그랬더니 4가 남았어."

$$9 - \square = 4$$

"셰프, 돌멩이도 놓아 보았고, 식도 세웠는데, 답을 어떻게 찾아요? □를 어떻게 알아내느냐고요?"

"거꾸로 생각하면 답이 보인다는 사실!"

"네? 거꾸로라고요?"

당케는 물구나무서기를 해 보았어요. 하지만 머리만 뱅뱅 어지러울 뿐 아무것도 보이지 않았어요.

"당케, 그게 아니고, 원래 있던 달걀 수에서 거꾸로 아직 안 깬 달걀 수를 빼면 된다는 거지."

"안 깬 걸 빼라고요? 그럼 안 깬 달걀이 4개니까, 9에서 4를 빼면……."

∅∅∅∅ ○○○○○
9 - 4 = □

"9 빼기 4니까 답은 5! □는 5예요."

"좋아! 네가 깬 달걀의 수를 정확히 알아맞혔어."

"야! 내가 달걀을 5개 깼구나. 와, 신기하다. 안 깬 수를 빼니까, 깬 수가 나오네."

당케는 5개만 깨서 얼마나 다행인지 몰라요. 그런데 또 한 가지 고민이 생겼어요.

'그러면 앞으로 내가 몇 개를 더 깨면 되는 거지? 모두 7개를 깨라고 했는데 말이야.'

당케는 또다시 머릿속이 뒤죽박죽이 되었어요.

"뭘 또 고민하느냐? 모를 때는 식을 세워 봐. 그래도 못 풀 때는 거꾸로 생각하는 거야!"

"맞다, 식!"

당케는 식을 세워 보기로 했어요.

"5개를 깼고, 몇 개를 더 깨면 7이 될까?"

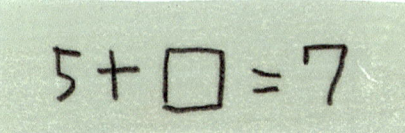

'□는 몇일까? 그래, 모를 때는 거꾸로 생각하라고 했지?'

당케는 후다닥 식을 바꾸어 써 보았어요.

"아하! 셰프, 답을 찾았어요. 12예요. 12개를 더 깨면 된다고요!"

셰프는 어처구니가 없었어요.

"달걀이 4개밖에 안 남았는데, 뭐? 12개를 더 깬다고? 이게 말이 된다고 생각하느냐?"

"듣고 보니 그러네요."

당케는 제 머리를 콩콩 찧었어요. 셰프는 돌멩이를 다시 가져와서 늘어놓았어요.

"자, 보아라. 돌멩이 5개가 있다. 몇 개가 더 있어야 7개가 되겠느냐?"

"정답! 잘했다. 2라는 답은 7에서 5를 빼서 나온 수란다."

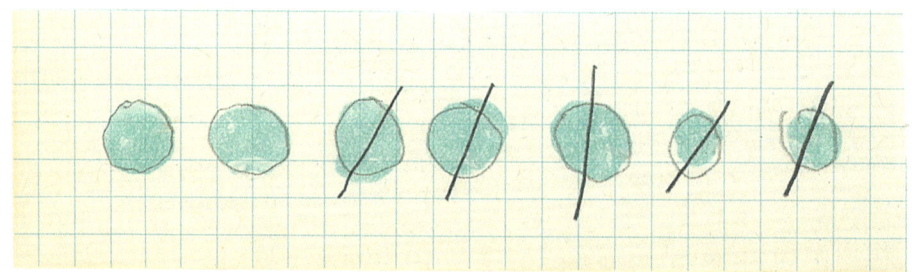

"그래서 원래 세웠던 덧셈식을 뺄셈식으로 바꾸어 써 보면, 이렇게 된단다."

"와, 덧셈식을 뺄셈식으로 바꿀 수 있다니, 정말 놀라워요."

"당케, 뭐하느냐? 어서 달걀을 마저 깨뜨려서 거품을 내도록!"

"네네. 제가 깜빡할 뻔했어요. 이렇게, 탁, 탁! 두 개를 더 깨뜨리면 되지요?"

당케는 콧노래를 부르며 휘휘 달걀을 저었어요.

"하마터면 촉촉사르르카스텔라를 망칠 뻔했는데, 참 다행이다."
"헤헤. 제가 뭐 한 게 있나요? 다 수학 덕분이죠."
조금씩 조금씩 수학 요리를 깨달아 가는 당케를 보니 셰프는 마음이 흐뭇합니다.
오븐에서 카스텔라 익어가는 냄새가 솔솔 풍겨 왔어요. 식당 개 3년 만에 처음 만들어 보는 음식이라 당케는 가슴이 뿌듯했답니다.
'촉촉사르르카스텔라는 어떤 맛일까?'

"깨뜨린 달걀은 되돌릴 수 없지만
　　식은 얼마든지 바꿀 수 있습니다."

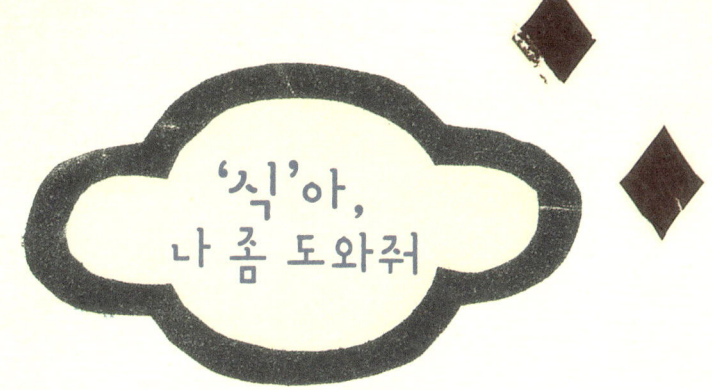

식은 언제 세워야 할까요?

내 사탕이 5개 있었는데, 동생이 몇 개를 먹어서 2개만 남았어요. 동생이 몇 개 먹었는지 너무너무 궁금해요.

동생에게 물어보면 "몰라, 생각이 안 나는데." 하며 피하기 일쑤죠.

좋아요, 이럴 때 꼭 필요한 게 바로바로 '식'! 식을 세우면 긴 문장이 숫자와 기호 몇 개로 간단히 줄어들어 답이 금방 보여요.

식에서 모르는 수, 알고 싶은 수를 □라고 쓰고, 답을 찾아볼까요?

식을 세웠는데도 답을 찾는 방법을 잘 모를 때는 다른 식으로 바꾸어 봐요. 식은 얼마든지 다른 식으로 바꿀 수 있답니다. 식의 자유로운 변신을 관찰해 보세요.

$5 - \square = 2$	사탕 5개에서 몇 개를 먹었더니 2가 남았다.
$2 + \square = 5$	사탕 2개에 몇 개를 더하면 사탕 5개이다.
$\square + 2 = 5$	사탕 몇 개에 2개를 더하면 사탕 5개이다.
$5 - 2 = \square$	사탕 5개에서 2개를 빼면 몇 개를 먹었다는 말이다.

"피타골 피타골 피타고라수~학!"

셰프가 주문을 외며 벽장 속으로 막 들어가려고 하는데, 당케가 허겁지겁 달려와 셰프를 불렀어요.

"셰프, 셰프! 큰일났어요!"

"웬 호들갑이냐?"

"요 앞에 '학수식당'이라는 으리으리한 식당이 생겼어요. 글쎄, 손님들이 서로 들어가려고 줄을 서서 기다리지 뭐예요."

"음, 봉팔 셰프가 기어이 일을 저지르고 말았군."

"봉팔 셰프라니요?"

"이제 너에게 말할 때가 되었구나. 봉팔은 나와 함께 수학식당에서 수학 요리를 배우던 친구이다. 스승님인 옥 셰프가 나를 후계자로 정하자 봉팔은 변하기 시작했지. 내가 스승님에게 비수레를 물려받던 날, 봉팔은 수학식당을 뛰쳐나가 버렸어. 이 세상에서 수학을 없애 버리겠다고 소리치면서 말이야."

"그러니까, 스승님 친구였던 봉팔 셰프가 수학의 질서를 무너뜨리려고 학수식당을 차렸다?"

"제법인걸. 내 제자 당케 맞느냐?"

"절 뭘로 보시고! 섭섭합니다."

"아무튼 그자들은 우리 수학식당을 무너뜨리고 비수레를 빼앗기 위해 온갖 방법을 다 쓸 거야. 비수레는 2,500년을 이어 온 수학 요리의 비법이자 세상의 질서이다. 당케, 비수레가 너의 손에 달려 있다. 반드시 지켜 내야 한다."

"셰프, 염려 붙들어 매세요. 제가 누굽니까? 저만 믿으세요!"

"여기가 학수식당인가요?"

그때 줄무늬 옷을 똑같이 입은 쌍둥이가 들어왔어요.

"어서 오십시오! 정성을 다하는 수학식당입니다."

"오늘 새로 생긴 학수식당 아니에요? 학수식당에 가면 왕스테이크를 준다고 해서 왔는데……."

"저희 수학식당 스테이크도 한번 먹어 보세요. 양보다는 맛과 정성이 중요한 거 아니겠어요?"

"배도 고픈데 여기서 먹자."

둘은 누가 먼저랄 것도 없이 동시에 말했어요. 그러나 곧 서로 말다툼을 시작했어요.

"오늘은 내가 더 큰 스테이크를 먹을 거야."

"아니야, 내가 더 큰 스테이크를 먹을 거야."

"안 돼. 절대 양보할 수 없어."

"양보 못 한다고? 좋아, 그럴수록 나도 양보 못 해."

음식은 나오지도 않았는데 서로 더 큰 걸 먹겠다고 다투었어요.

"그만, 그만! 똑같은 크기로 해 드릴 테니 싸움은 이제 그만!"

당케는 셰프에게 달려가 스테이크를 주문했어요.

"스테이크 둘, 똑같은 크기로 만들어 주세요! 한 치의 오차도 없이 똑같게요. 아시겠죠, 네?"

셰프는 대답 대신 접시를 쑥 내밀었습니다.
"쌍둥이 손님에게 이걸 먼저 대접해 드리도록!"
초콜릿시럽을 뿌린 막대 모양 과자였어요.
'왜 과자를 먼저 드리라고 하는 걸까?'
당케는 의아한 표정을 지으며 과자 접시를 날랐어요.

"손님들! 식사 전에 간단한 음식을 내왔습니다. 맛 좀 보세요! 둘 중 어떤 걸 드시겠어요? 하나씩 골라 보세요."

"내가 긴 걸 먹을래."

"내가 더 긴 걸 먹을 거야."

쌍둥이 중 가로줄 무늬를 입은 아이가 먼저 접시 위쪽에 놓인 과자 하나를 잽싸게 낚아채고는 "헤헤~좋아라!" 했습니다.

"앵, 나도 긴 거 먹고 싶은데, 만날 얘 차지예요! 싫어, 싫어."

셰프가 멀리서 손가락을 쫙 벌려 신호를 보냈어요.

"아하!"

당케는 그제야 비로소 셰프의 의도를 알아차렸어요.

"정말 더 긴지 재어 볼까요? 한 분이 과자에 손을 대보세요."

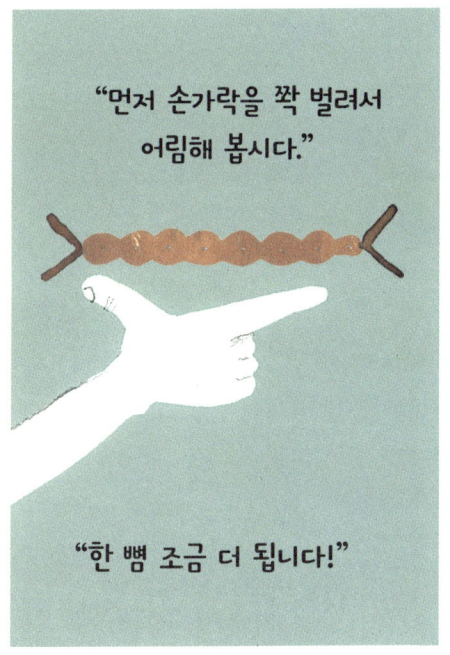

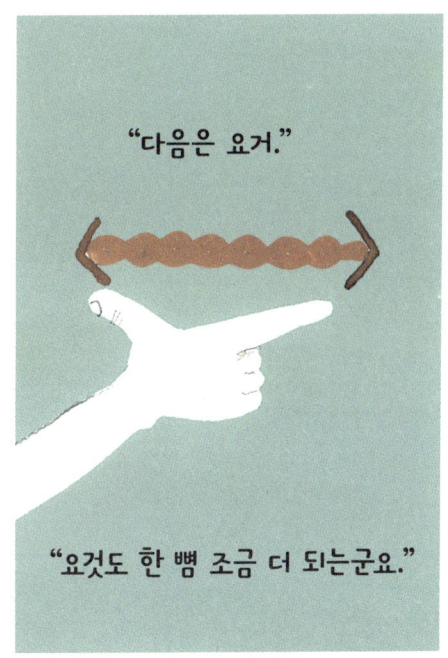

쌍둥이는 못 믿겠다는 표정으로 고개를 갸우뚱거렸어요.

"에이, 못 믿겠어요. 위쪽에 있는 것이 확실히 긴데, 왜 비슷하다고 우기시는 거예요?"

"좋습니다. 믿지 못하시겠다니, 자로 한번 재어 볼까요?"

"위에 거 먼저, 13센티미터."

"이번에는 아래 거. 오호, 똑같이 13센티미터군요!"

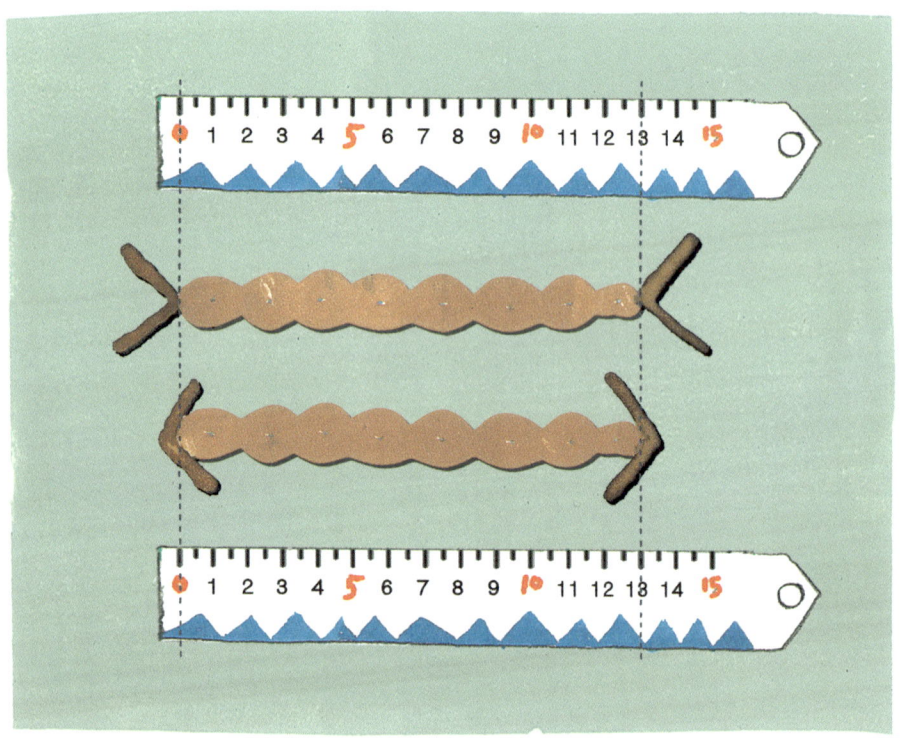

쌍둥이는 놀란 표정이 되었어요.

"우아, 신기하네요."

그때 셰프가 다른 접시를 가지고 나왔어요.

이번에도 막대 모양 과자였어요.

"둘 중 어떤 걸로 드시겠습니까?"

쌍둥이는 또 다투기 시작했어요. 이번엔 세로줄 무늬를 입은 아이가 잽싸게 위에 있는 것을 집었어요.

"에헤야, 좋아라!"

가로줄 무늬를 입은 아이가 씩씩거렸어요.

"엥! 내가 더 작은 거라니, 억울하다."

"억울해하실 필요가 전혀 없답니다. 자, 보세요."

"인정하기 힘들어."

"위에 있는 거는 14센티미터 5밀리미터."
"아래 있는 거는 14센티미터 5밀리미터."

"이번에도 똑같다고요? 말도 안 돼요. 세로로 놓은 것이 훨씬 긴데, 자가 잘못 된 거 아니에요?"

"둘 다 같은 자로 재었는데, 문제가 있을까요?"

쌍둥이는 더 이상 싸우지 않고 어리둥절한 표정으로 묵묵히 앉아 있었어요. 그때 스테이크 냄새가 솔솔 풍겨 왔어요.

셰프가 음식을 한 손에 하나씩 나누어 들고 나왔어요.

"자, 다 됐습니다. 쌍둥이스테이크입니다."

"쌍둥이스테이크요? 스테이크가 정말 똑같아요?"

셰프가 뚜껑을 열었습니다.

짜잔!

"에이, 다르잖아요. 이게 같다고 하면, 지나가던 개도 웃겠네요."

당케 몸에서 이상한 기침 소리가 새어 나왔어요.

"캘럭!"

사람들은 왜 개를 모자란 사람에 비유하는 걸까요?

셰프가 진지한 목소리로 말을 했어요.

"가운데에 스테이크가 하나씩 놓여 있습니다. 파란색은 먹을 수 없는 장식물이에요. 자, 어떤 것을 고를 건가요?"

"오른쪽 게 훨씬 큰데 저희들을 놀리시는 거예요?"

"그렇게 생각하시는 게 당연하겠지요. 우리 눈은 착각을 잘 일으키거든요. 그래서 '자'라는 게 탄생한 겁니다. 수학은 1센티미터, 1밀리미터의 착각도 허용하지 않는답니다. 자, 그럼 정말 자가 우리의 착각을 바로잡아 줄지 한번 재어 볼까요?"

"왼쪽 스테이크는 10센티미터!

오른쪽 스테이크 역시 10센티미터!"

이런! 정말 똑같았습니다. 쌍둥이는 눈만 껌뻑껌뻑하더니, 동시에 "먹자!" 하고 소리쳤습니다. 그러고는 눈 깜짝할 사이에 스테이크를 먹어 치웠지요. 쌍둥이가 깔깔깔 웃기 시작했어요.

"똑같은 걸 갖고 크네 작네 싸웠어. 우리 정말 우습다!"

셰프는 사이좋은 쌍둥이를 바라보며 흐뭇한 미소를 지었어요.

"잘 먹었습니다! 그런데요, 우리 둘 중에서 누가 더 큰지 알아맞혀 보실래요?"

"그야, 세로줄 무늬 분이 더 크잖아요? 쌍둥이 손님, 너무 쉬운 문제에는 대답 안 해요."

당케가 당연한 걸 묻는다는 듯이 대답했습니다.

쌍둥이가 줄자를 들고 옵니다.

"앗, 이럴 수가! 착시였군요!"

"수학은 우리 눈의 착각을 바로잡아 줍니다."

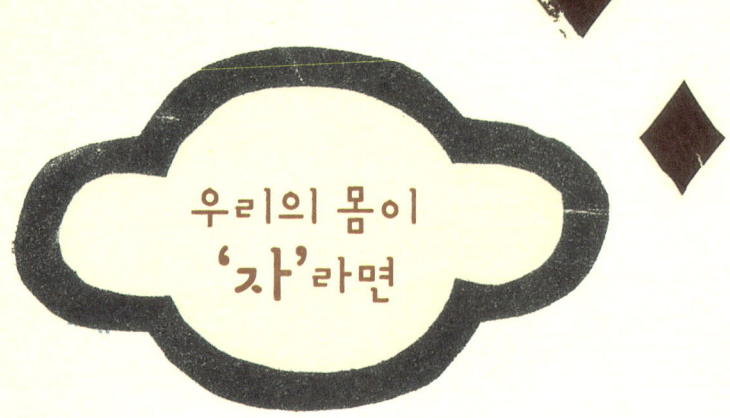

우리의 몸이 '자'라면

센티미터가 뭘까요?

우리는 키, 발 길이, 물건의 길이 등을 말할 때 '센티미터(cm)'라는 단위를 주로 사용해요. 길이를 재는 사람이 다르고 장소가 달라도 길이를 나타내는 방법은 같게 하려고 만든 거예요. 물론 '자'를 사용해야 정확하게 잴 수 있지요.

하지만 자가 없을 때에는 어떡할까요? 그럴 땐 우리 몸을 자로 활용할 수 있어요. 평소에 손가락 한 마디가 몇 센티미터 정도 되는지, 손끝에서 팔꿈치까지 길이가 얼마나 되는지 재어 보아요. 수 감각을 익히는 데 도움이 되기도 하고, 자가 없을 때 몸 자를 활용하면 물건의 길이를 어림잡아 볼 수 있어요.

내 몸의 길이를 재어 보세요

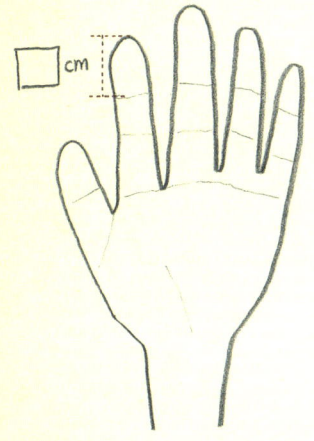
☐ cm

손가락 한 마디

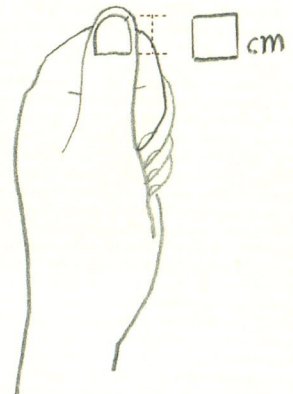
☐ cm

엄지손톱

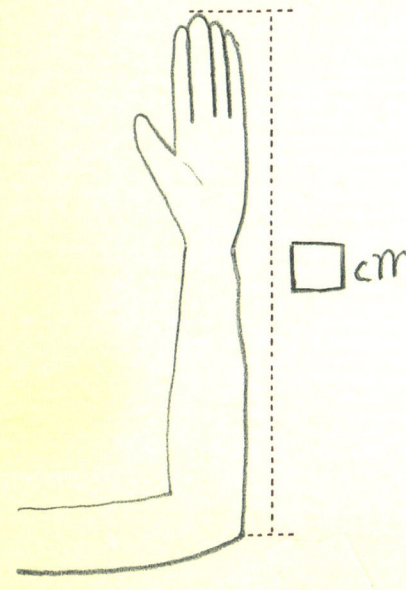
☐ cm

손끝에서 팔꿈치까지

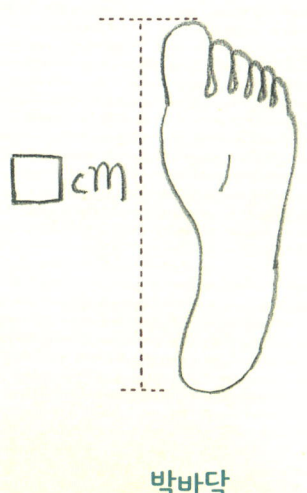
☐ cm

발바닥

모처럼 수학식당이 문을 닫는 날입니다.

"오늘 하루는 새로운 비수레를 개발할 계획이다. 그러니 손님이 찾아와도 절대로 식당 안으로 들이지 말도록. 명심해라."

"알겠습니다요, 셰프. 귀에 딱지 앉겠어요. 두말하면 잔소리, 세 말하면 입 아프십니다!"

"그럼, 너만 믿겠다."

셰프가 벽장 안으로 들어가자, 당케는 식당 문을 꼭꼭 걸어 잠그고 혼자 열심히 수련을 시작했어요.

그때 무슨 소리가 들려왔어요.

"똑똑똑! 누구 없어요?"

"아이고, 손님이 왔나 보네. 열어 주면 안 되는데, 대체 누구?"

당케는 문 쪽으로 귀를 쫑긋 세웠어요.

"목이 말라서 그래요. 문 좀 열어 주세요!"

"안 됩니다. 오늘은 쉬는 날이거든요."

"물 한잔만 주세요. 네? 좀 도와주세요. 제발요!"

당케는 도와 달라는 말에 금세 마음이 약해졌어요.

당케는 셰프의 당부를 뒤로한 채 식당 문을 확 열어젖혔어요.

선글라스를 끼고 꽃무늬 원피스를 입은 고양이가 "아이쿠, 아얏!" 하며 고꾸라졌어요. 고양이는 주춤주춤 일어서며 말했어요.

"반가워요, 제 이름은 '봉쑤아'예요. 댁이 당케 씨인가요?"

"어떻게 제 이름을?"

"사실 저는 목이 마른 게 아니라, 시식을 시켜 드리려고 왔어요."

"돌아가 주셔야겠습니다. 셰프께서 식당에 아무도 들이지 말라고 하셨거든요."

"셰프께서는 어디 외출하셨나요?"

"그건 아니고, 저기, 그러니까, 비수레 연구하러 벽장에, 헉!"

당케는 자기도 모르게 튀어나온 말을 주워 담기라도 하려는 듯 입을 꼭 다물었어요.

"비수레라고요? 그러니까 벽장에 비수레가 있다는 말씀이죠?

봉쑤아는 당케 곁에 바싹 다가와 소곤소곤 속삭였습니다.

"호호호, 별것도 아닌 걸 갖고 감추고 그러세요. 저는 요 앞 학수식당 봉팔 셰프의 조수예요. 봉팔 셰프가 심혈을 기울여 만든 '몰라몰라주스'를 홍보하러 왔어요."

"몰라몰라주스요?"

"이것만 마시면 수학 문제가 술술, 아무리 어려운 문제도 척척 풀리지요! 한번 믿어 보시라니까요?"

"세상에 그런 주스가 어딨어요?"

"바로 여기요! 속고만 살았나? 절 믿고 한번 마셔 보세요!"

'수학이 술술 풀린다고? 진짜일까? 그런 주스가 있다면 이 고생을 안 해도 될 텐데……'

당케는 귀가 솔깃해졌어요. 하지만 곧 셰프의 목소리가 귓가에 쟁쟁거렸습니다.

"수학은 한 계단 한 계단 산을 오르는 것과 같으니라. 단숨에 오르는 수학이란 없어!"

'아냐아냐, 셰프 말이 틀릴지도 몰라.'

"뭘 그리 망설이세요? 시식만 해 보는 건데요."
"그럼, 딱 한 번만 마셔 볼까요?"
병뚜껑을 돌리니 펑 하는 소리가 났어요.
당케는 조심조심 한 모금을 들이켰습니다.
"꼴깍!"
"좋아요, 이제 몰라몰라주스의 효과를 시험해 보겠습니다. 문제를 풀어 보세요. 14 빼기 6은 얼마게요?"

"에잇, 몰라몰라! 답은 12!"

"호호호, 그거 보세요. 효과가 바로 나오잖아요."

"근데 답이 맞긴 맞는 건가요?"

"정답이든 뭐든 무슨 상관이에요? 풀기만 하면 됐지."

"맞아요, 셰프가 늘 하시는 말씀이 바로 그거예요. 결과보다 과정이 더 중요하다고 늘 강조하셨거든요."

봉쑤아는 피식피식하더니 결국 웃음을 터뜨리고야 말았어요.

"푸하하하! 호호호! 아이고, 내 배꼽 살려. 아무튼 이제부터 어려운 문제, 골치 아픈 문제를 만나면 머리 쓰지 말고 우히히히, 바로 학수식당을 찾아오세요! 365일 시원한 몰라몰라주스가 대기하고 있답니다. 당케 씨, 조만간 또 보겠지요? 그럼 난 바빠서 이만."

봉쑤아는 온데간데없이 사라져 버렸어요. 그리고 5분도 채 지나지 않았을 때, 셰프가 불쑥 나타났어요.

"당케, 무슨 소리가 들리는 것 같아 나와 봤다. 그동안 누구 찾아온 손님은 없었나?"

"그, 그럼요, 아, 아무도, 아, 아, 아, 안 왔어요."

당케는 자신도 모르게 봉쑤아와 몰라몰라주스 이야기를 숨기고 말았습니다. 웬일인지 입이 떨어지지 않았어요.

잠시 뒤, 수학식당에 난리가 났습니다. 아이들이 떼로 몰려와 수학식당이 웅웅 울렸거든요.

"요 앞 식당에서 몰라몰라주스를 먹고 빼기 문제를 5초 만에 풀었는데, 내 답이 틀렸대요."

"선생님이 수학 문제 다시 풀어 오래요! 풀이도 틀렸고, 답도 틀렸대요!"

"저더러 완전히 엉터리래요! 수학이 싫어지려고 해요!"

"이게 웬 소동이란 말이냐?"

셰프는 이맛살을 잔뜩 찌푸렸어요.

"셰프, 고백할 게 있어요. 사실은요, 조금 전에……, 선글라스……, 봉쑤아……, 학수식당……, 몰라몰라주스……, 이러쿵저러쿵……."

"아니, 그런 끔찍한 일이! 봉팔 셰프 그자가 기어이!"

셰프는 부들부들 떨며 이를 악물었어요.

과연 셰프는 몰라몰라주스를 마신 아이들과 당케를 위기에서 구해 내고, 학수식당을 물리칠 수 있을까요?

다음 이야기는 2권에 계속됩니다~.

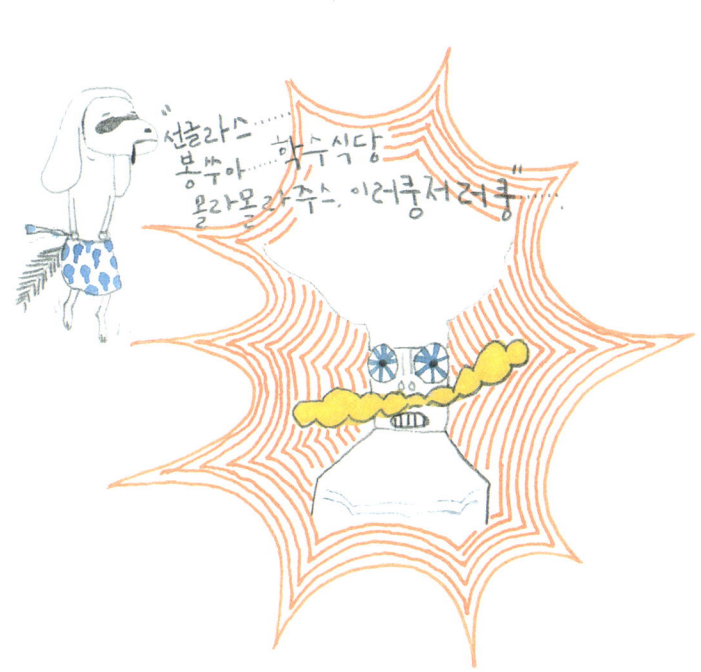

글 김희남

어렸을 때 수학을 못한다고 생각했는데, 이렇게 수학 동화를 쓰는 어른이 되었다니 말도 안 돼요.
혹시 여러분 중에서도 '난 수학을 좋아하는데, 수학이 나를 싫어해.'라고 생각하는 친구가 있나요? 기죽지 말고 용기를 가지세요. 저처럼요!
이 책을 읽고 부디 엄마가 해 주는 음식처럼 따뜻하고 감동적인 수학을 맛볼 수 있기를, 하는 바람이에요.
쓴 책으로 『할까 말까?』가 있습니다.

그림 김진화

숫자에 약한 사람입니다. 더하기 빼기도 틀리기 일쑤고, 구구단도 깜빡깜빡하는 사람이지만 당케랑 셰프를 만나 예전보다 수학을 더 사랑하게 된 것 같아 행복합니다. 이제는 수학 요리도 아주 잘한답니다.
지금은 우당탕쿵딱쿵딱 작업실에서 나팔꽃을 기다리고 있어요.
그린 책으로 『고만네』, 『백만 년 동안 절대 말 안해』, 『친구가 필요해』, 『뻔뻔한 실수』 등이 있습니다.

수학식당 1

글 ⓒ 김희남, 2012
그림 ⓒ 김진화, 2012

초판 1쇄   2012년 9월 10일
초판 13쇄   2023년 9월 1일

글   김희남
그림   김진화

펴낸이   황호동
편 집   김동선
디자인   민트플라츠 송지연
펴낸곳   (주)생각과느낌
주 소   서울시 종로구 평창 14길 22-1
전 화   02-335-7345~6
팩 스   02-335-7348
전자우편   tfbooks@naver.com
등록   1998.11.06 제22-1447호

ISBN   978-89-92263-19-1(74410)
         978-89-92263-18-4(세트)

 는 (주)생각과느낌의 어린이책 브랜드입니다.